I0701636

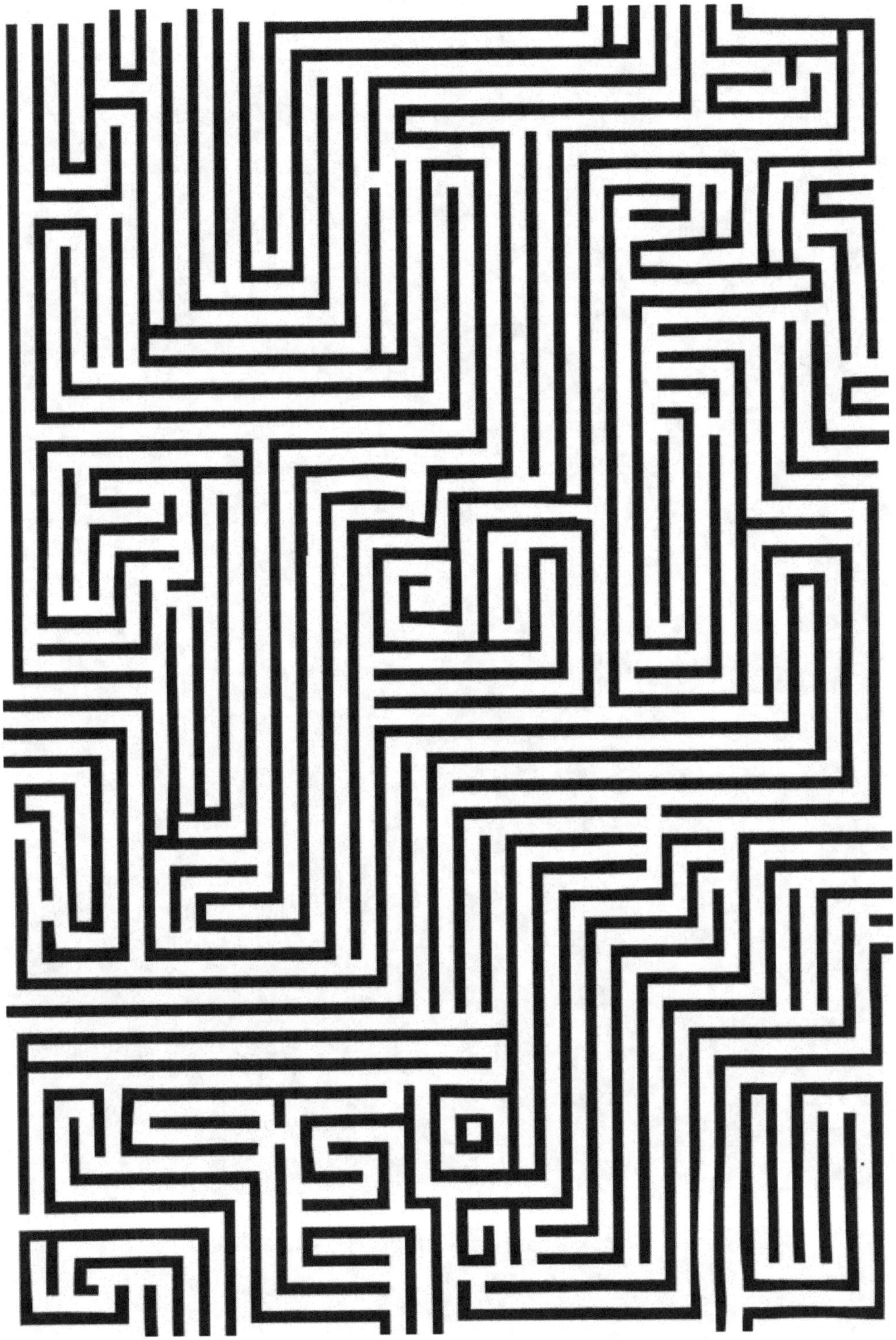

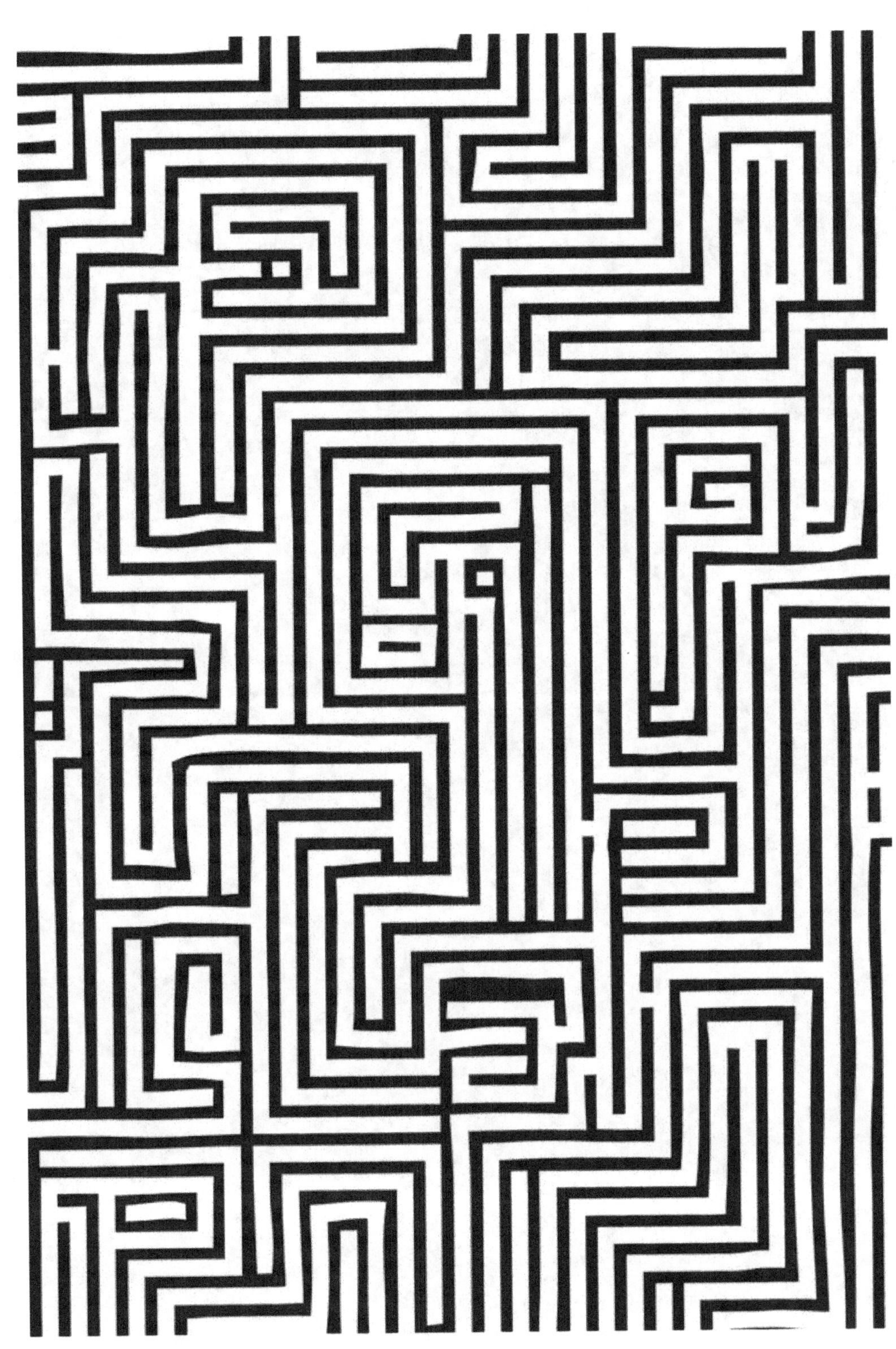

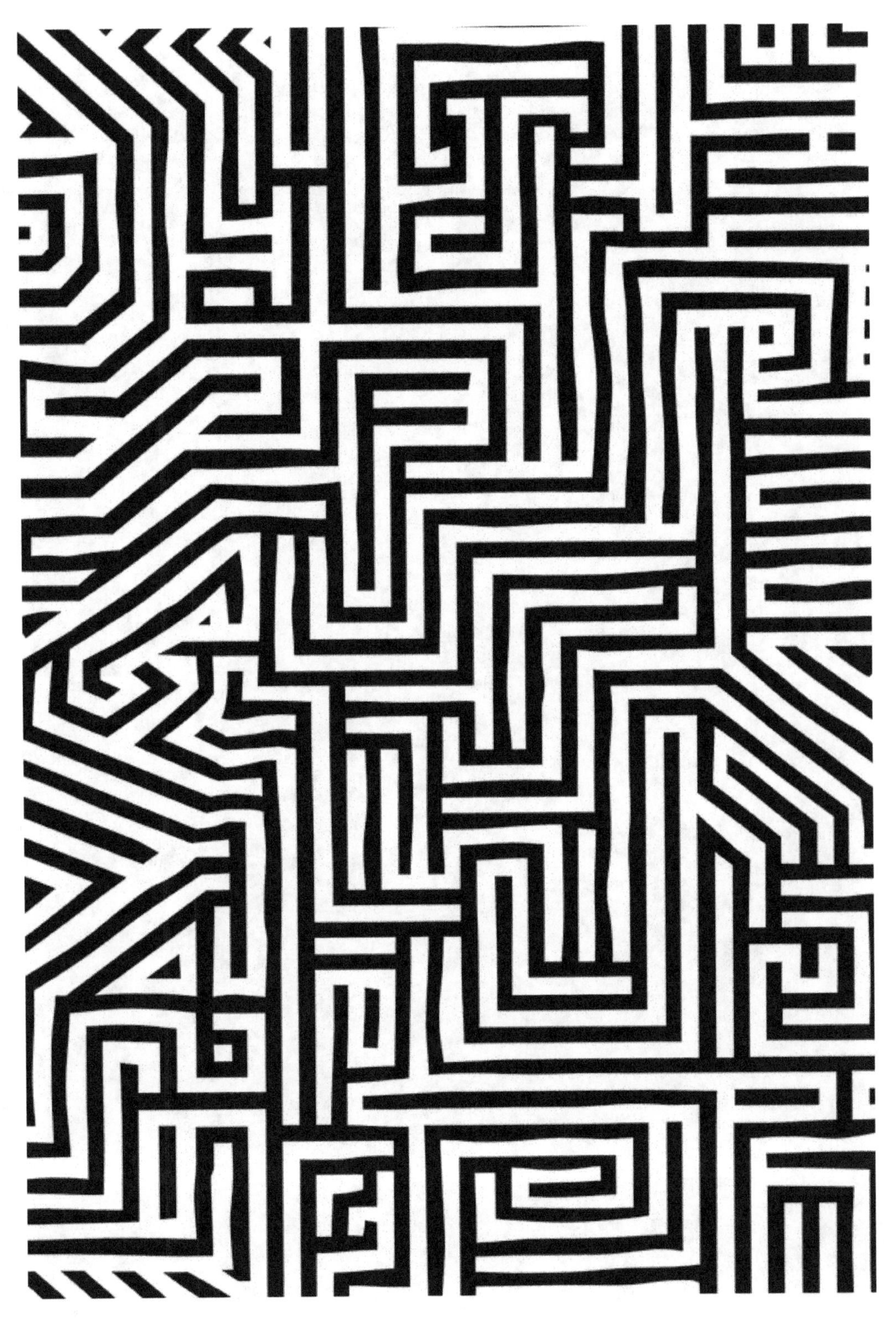

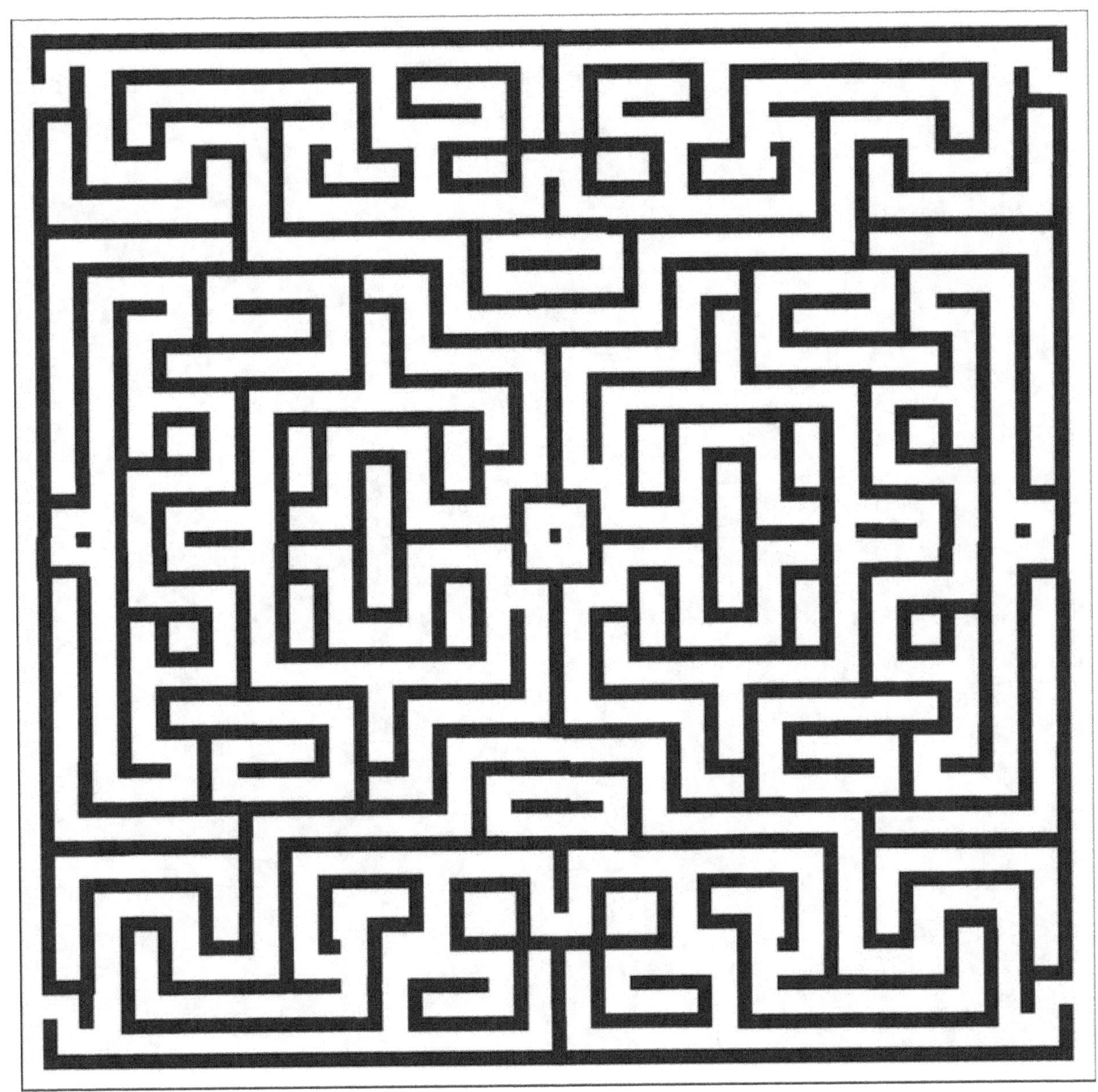

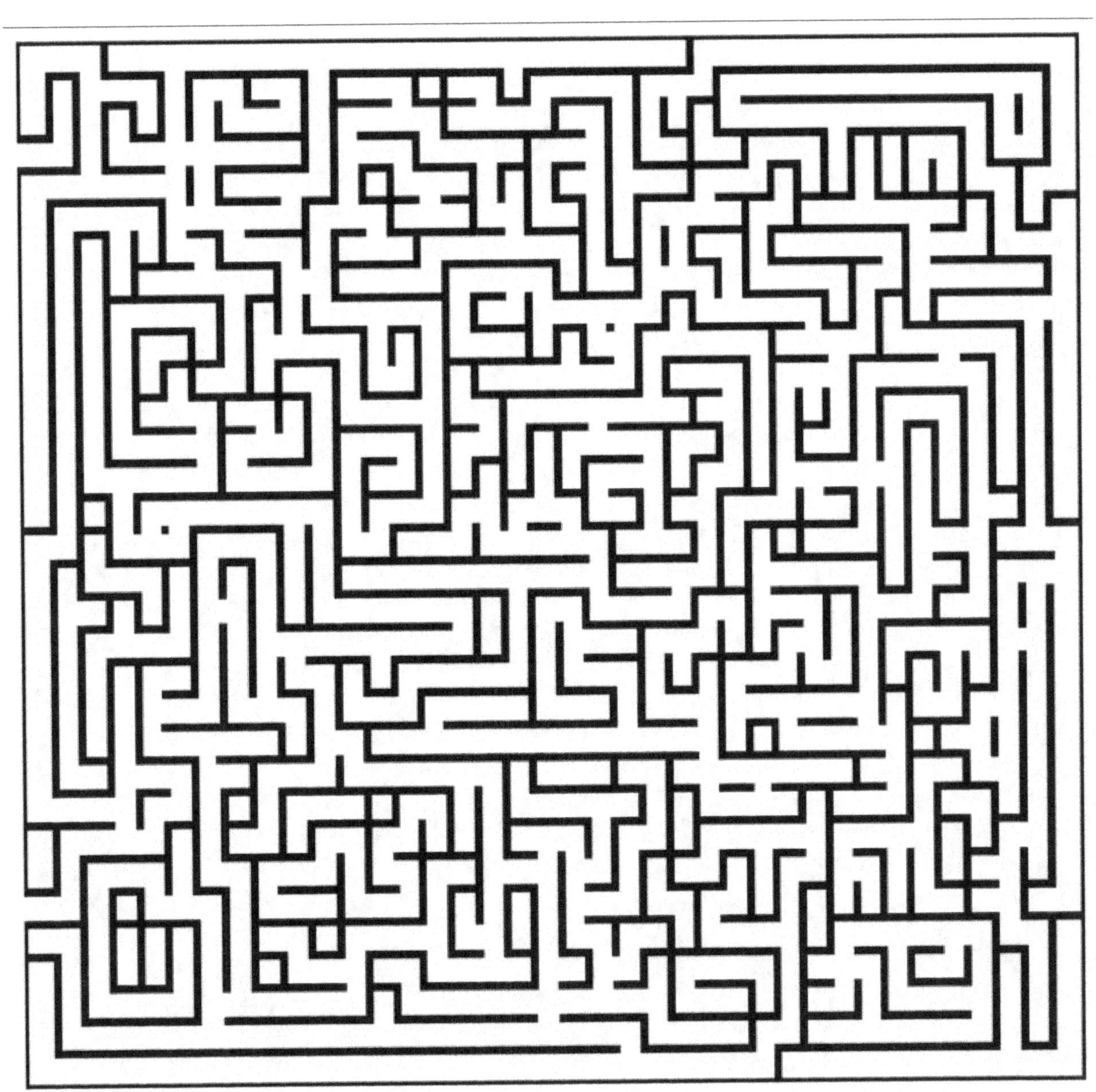

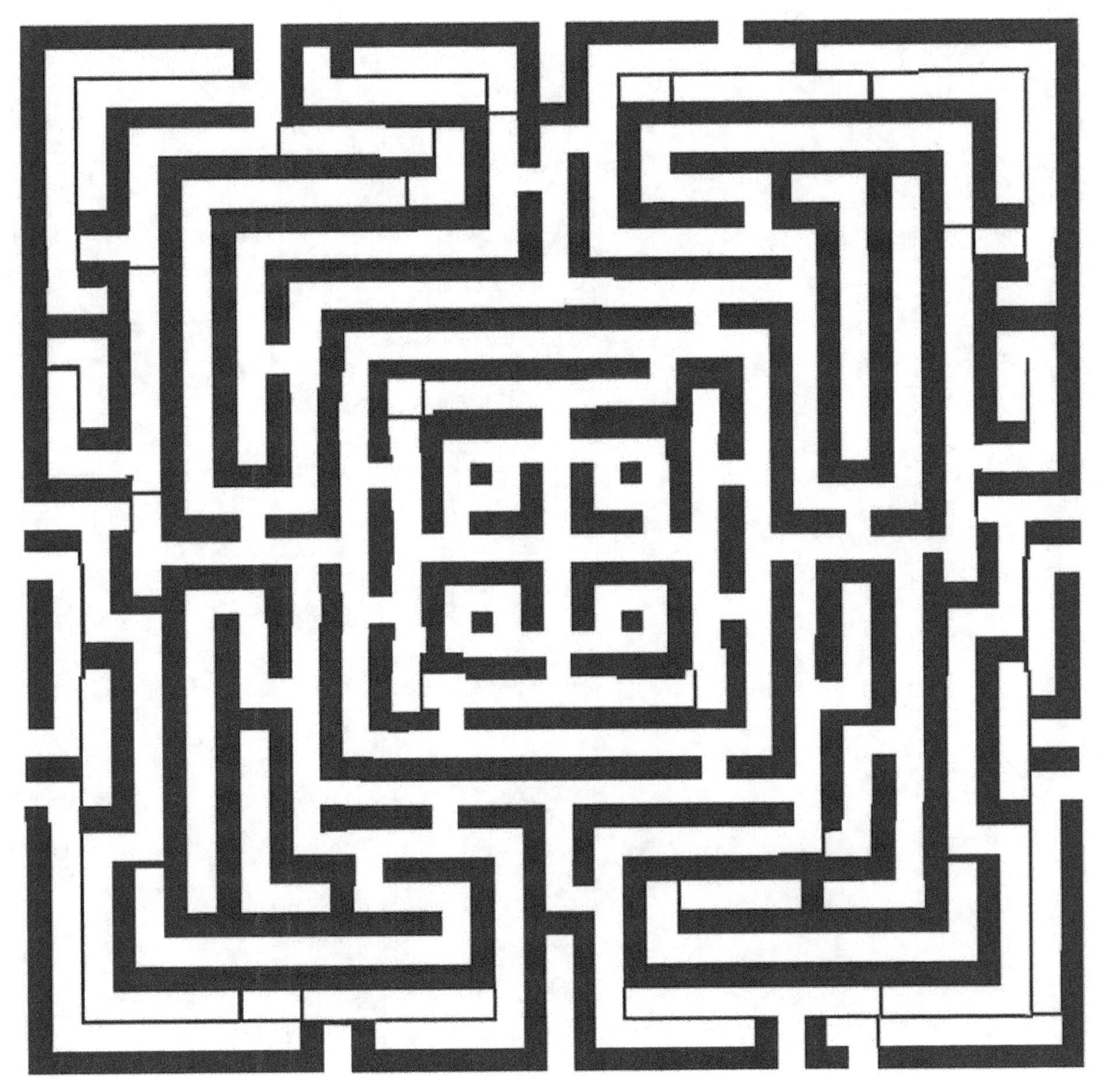

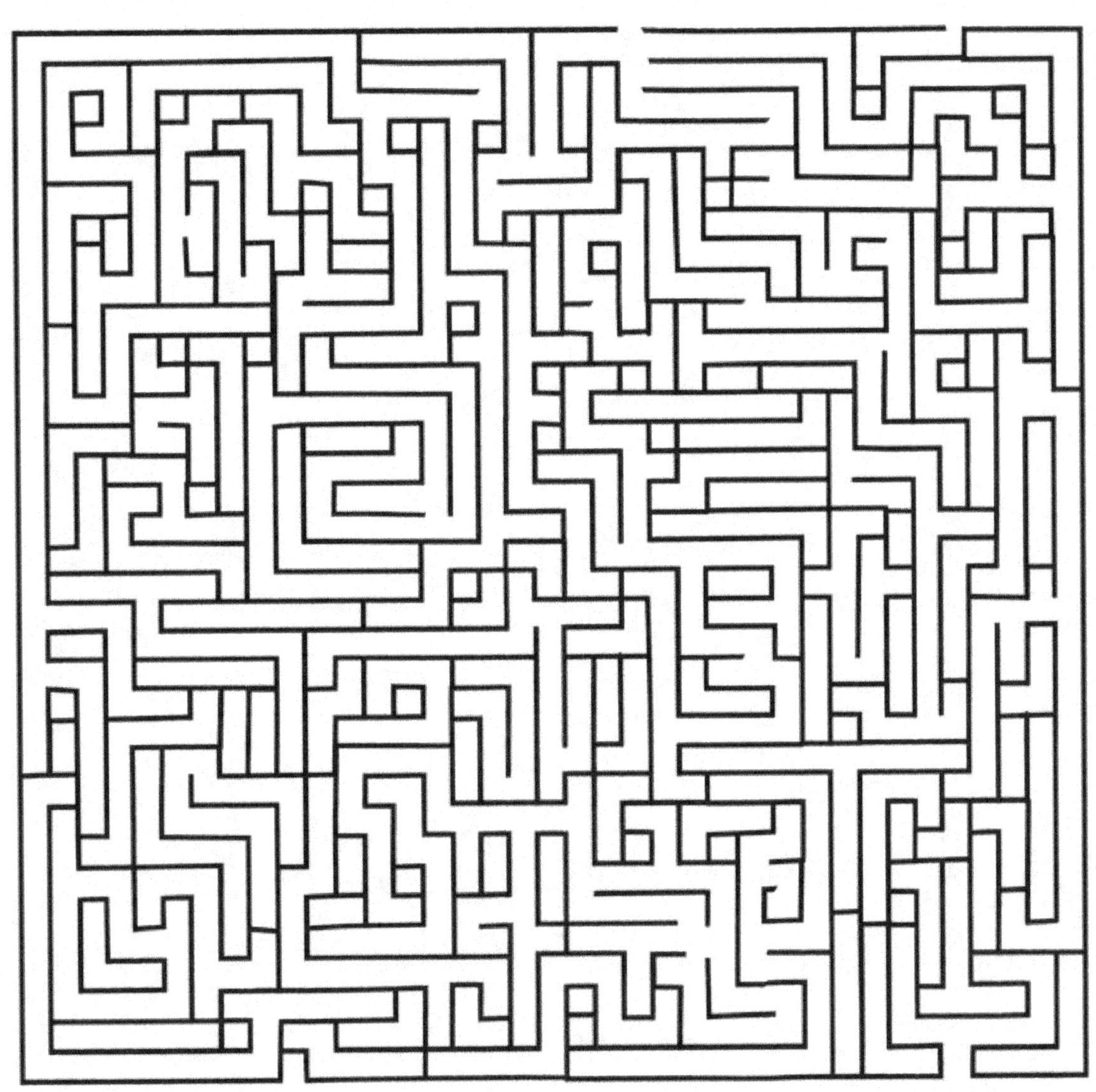

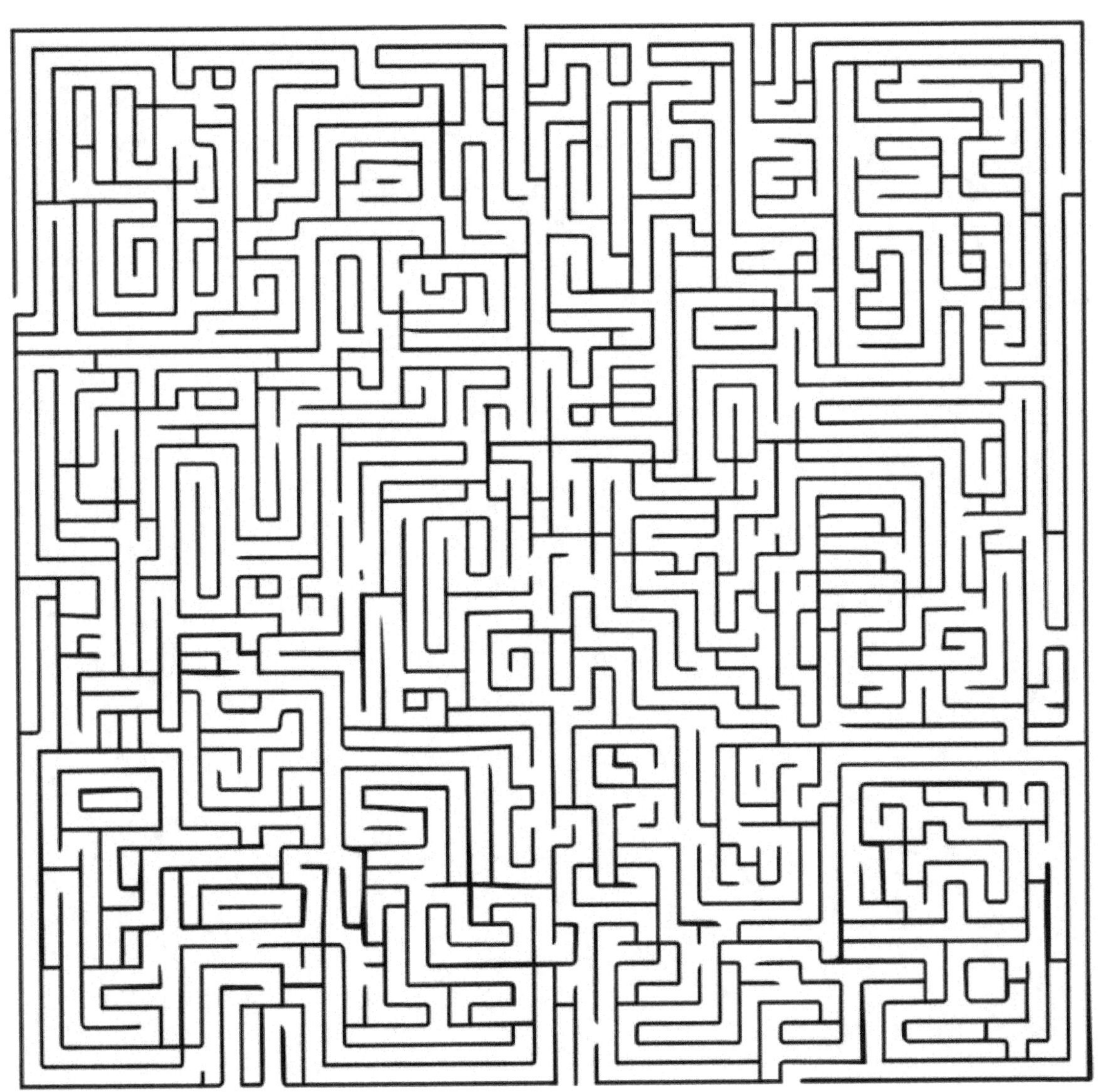

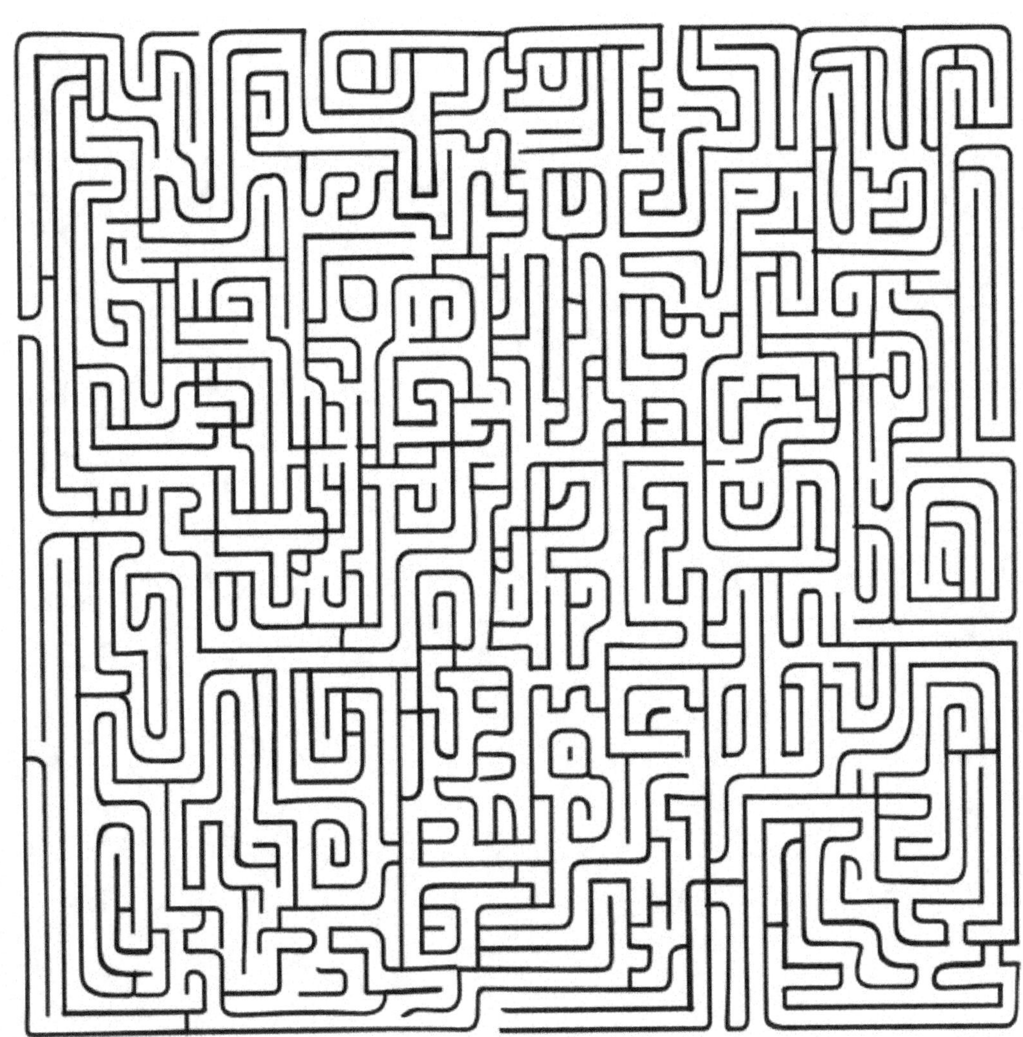

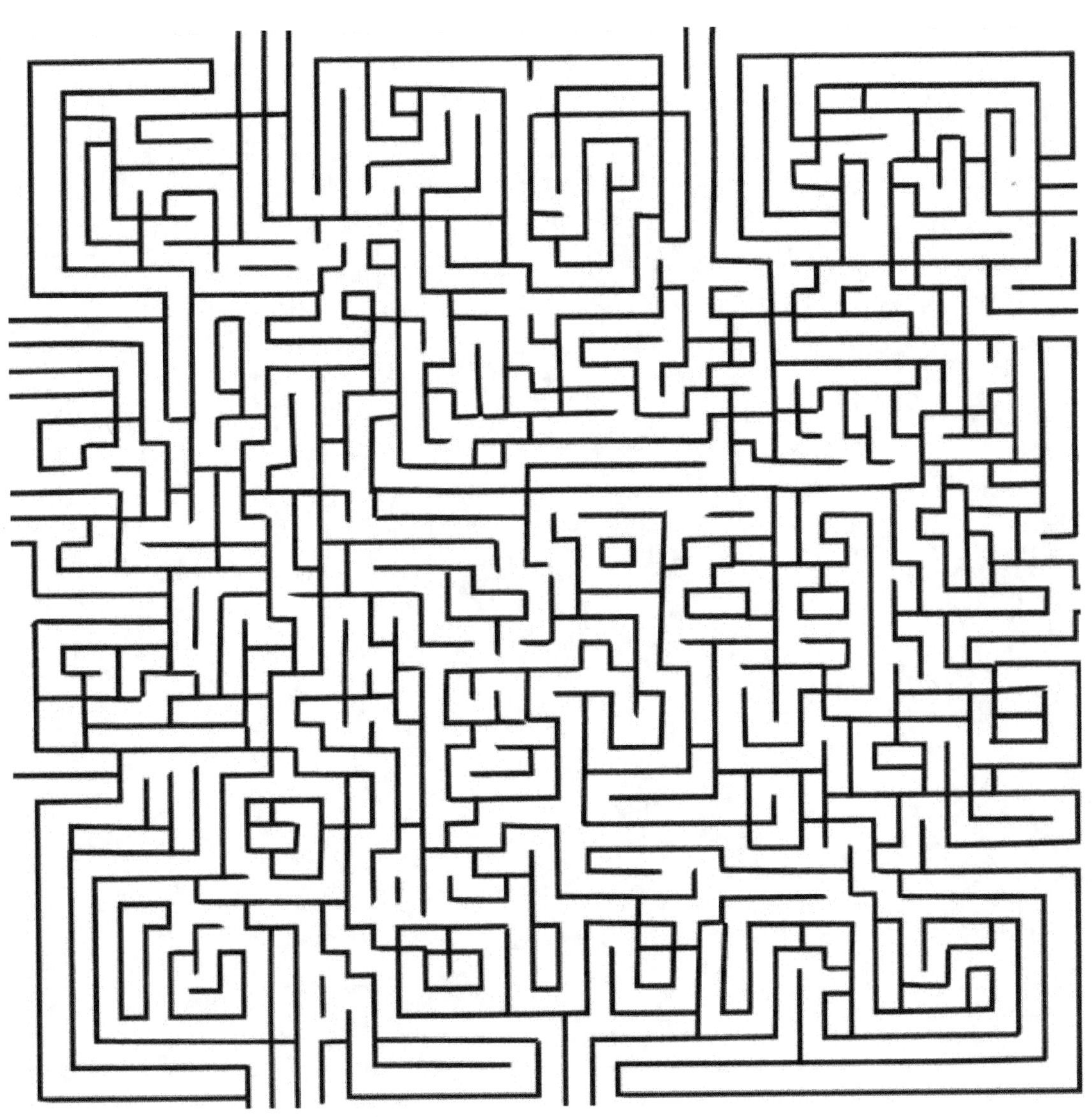

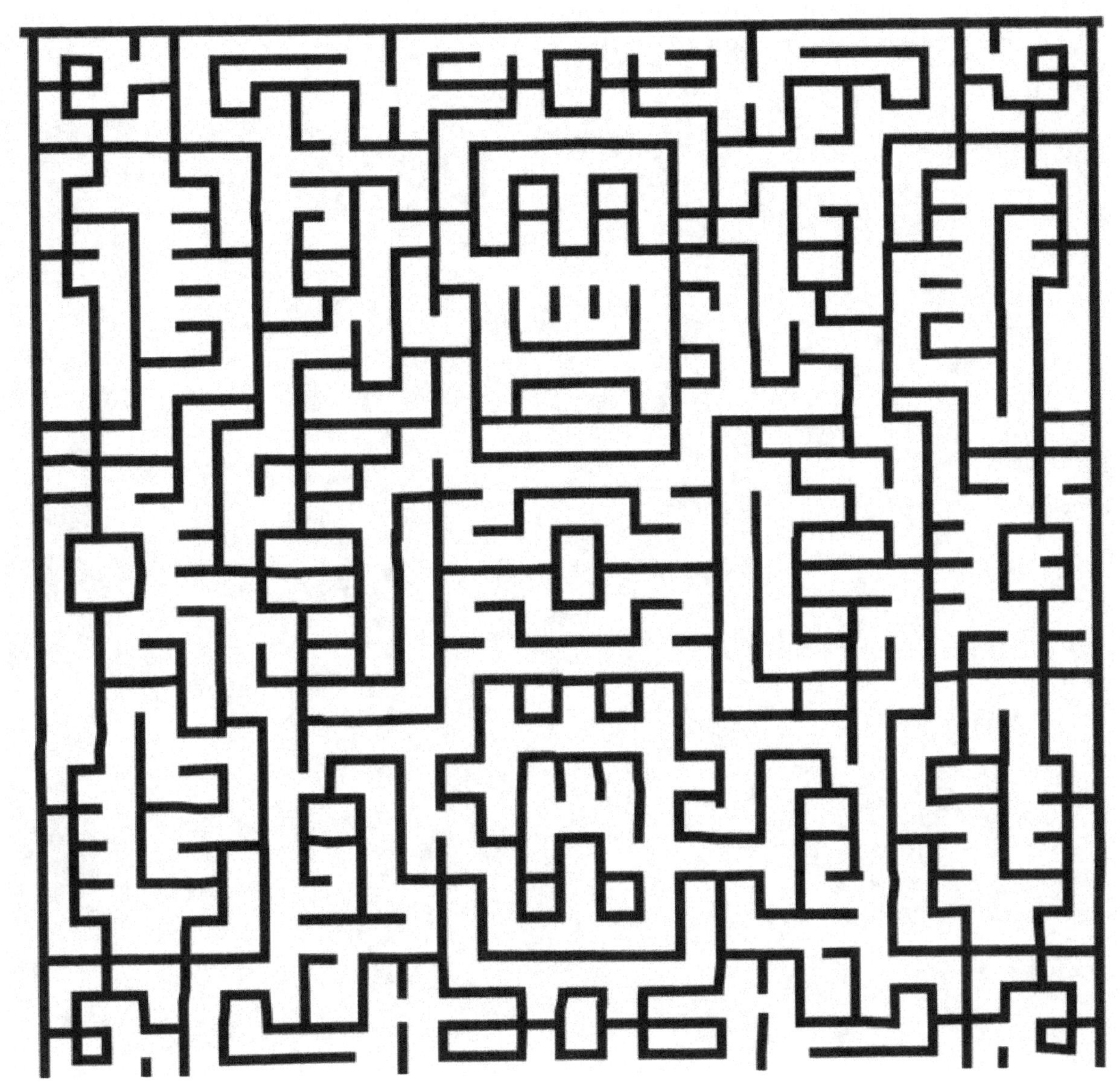

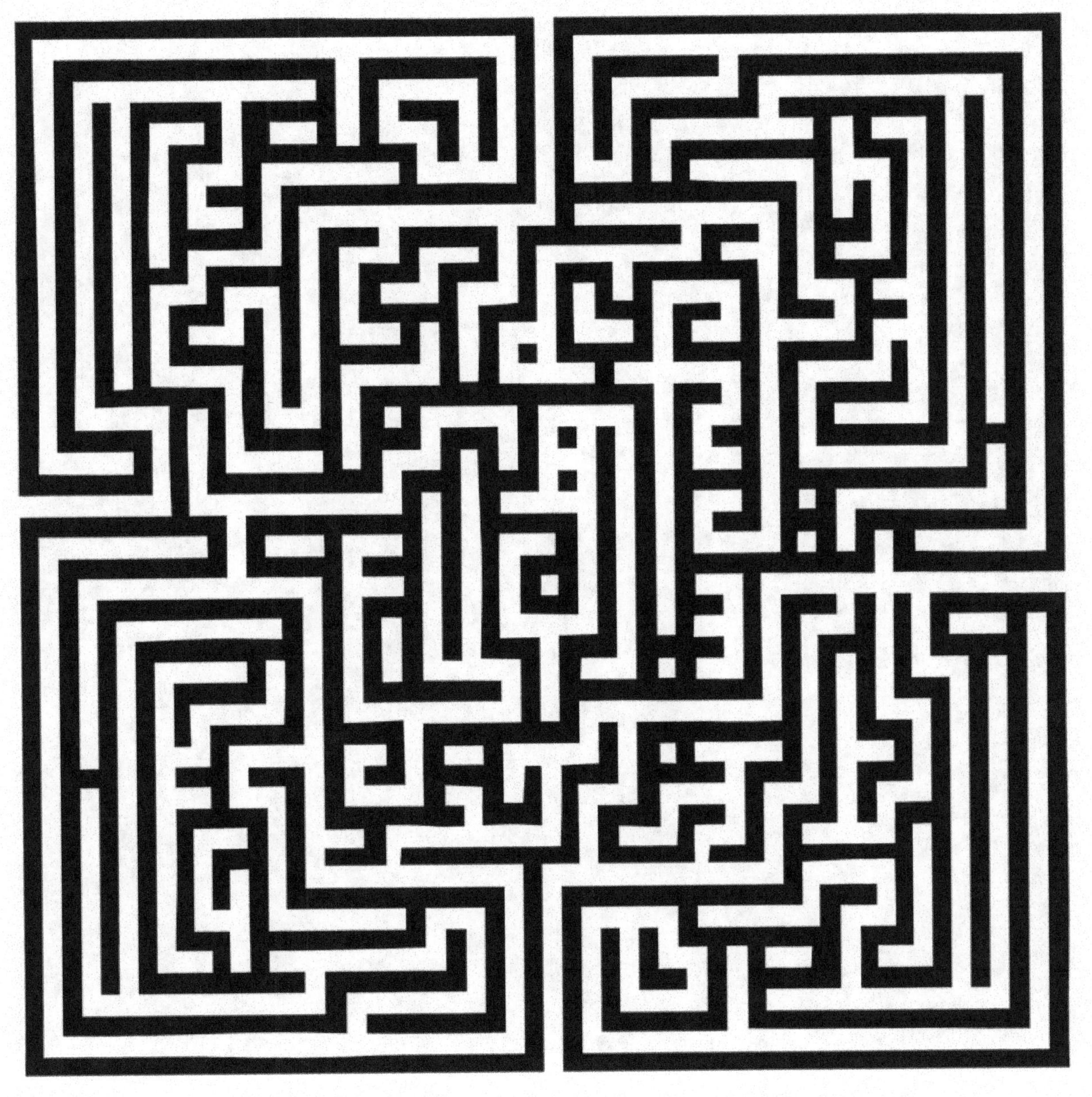

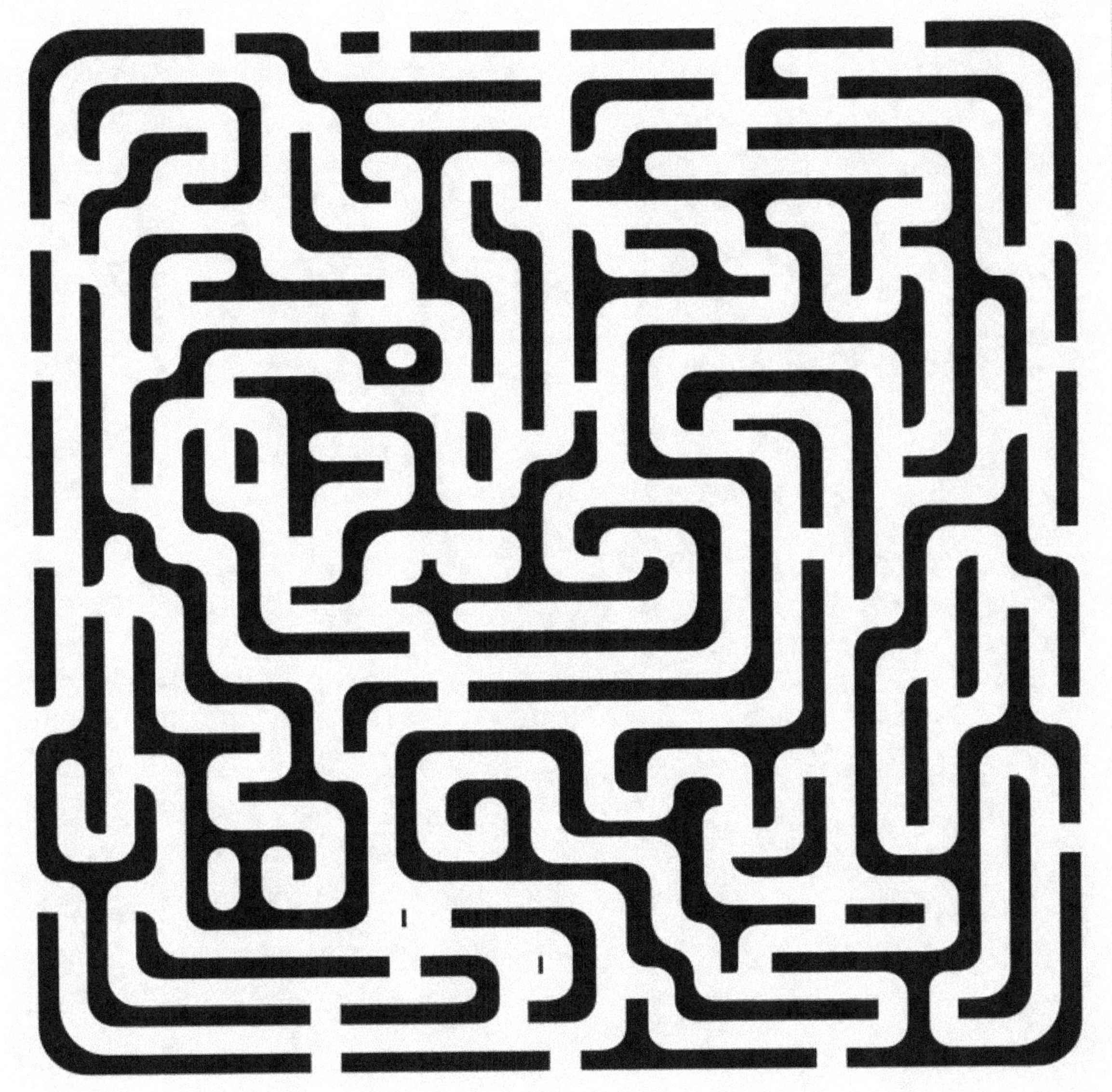

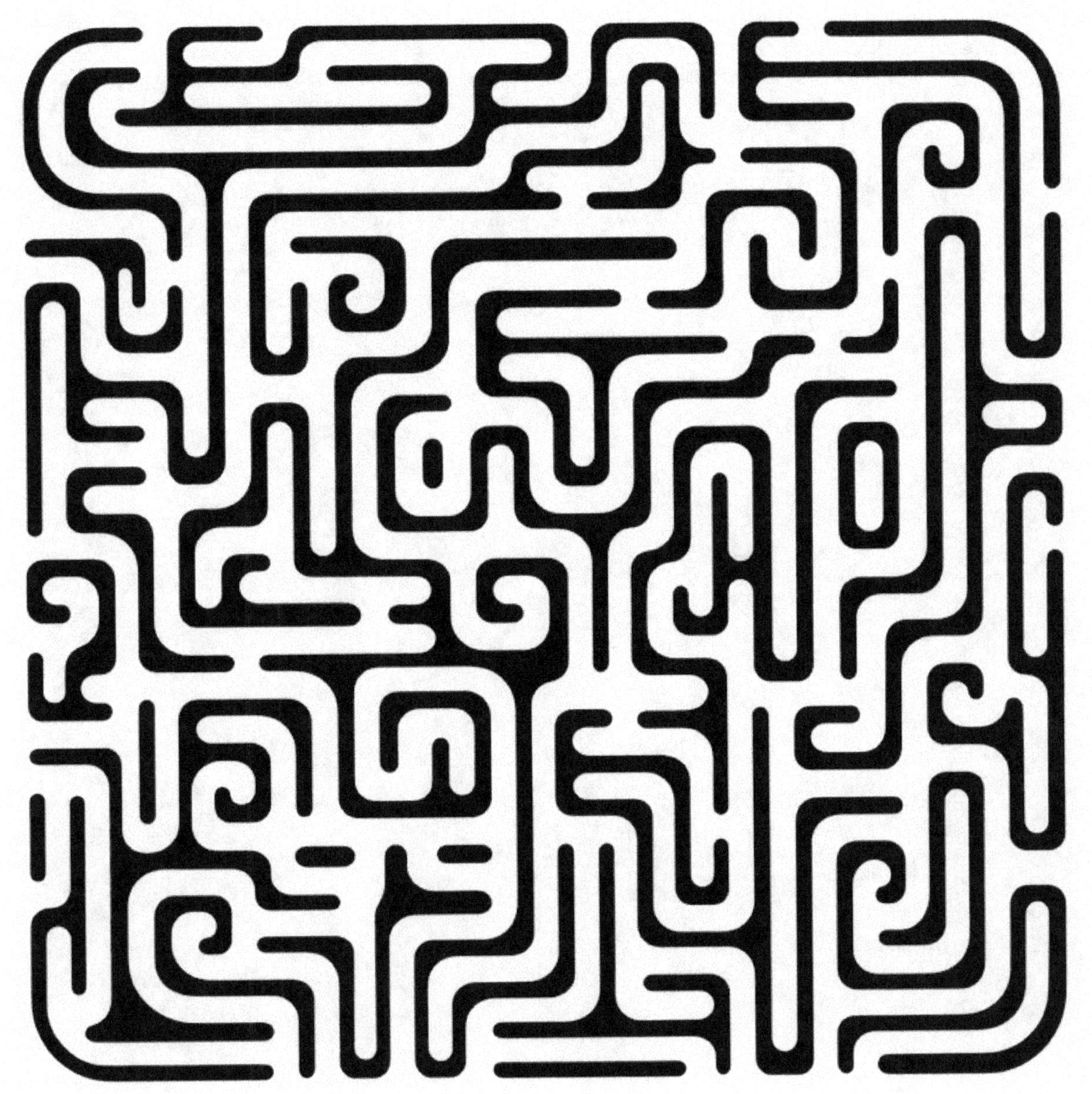